Un paso a la soledad

Poesías, pensamientos y algo más . . . . .

Por: María Candelario

Ilustrado por: María Candelario
Diseño de portada / Arte por: María Candelario

Aviso a Bibliotecarios: La catalogación bibliográfica de este libro se encuentra en la base de datos
de la Biblioteca y Archivos del Canadá. Estos datos se pueden obtener a través de la siguiente
página web: www.collectionscanada.ca/amicus/index-e.html

Impreso en los Estados Unidos.

ISBN: 978-1-4251-5747-0 (sc)
ISBN: 978-1-4251-7939-7 (e)

Trafford rev: 5/27/2009

*Nuestra misión es ofrecer eficientemente el mejor y más exhaustivo servicio de
publicación de libros en el mundo, facilitando el éxito de cada autor. Para conocer
más acerca de cómo publicar su libro a su manera y hacerlo disponible alrededor del
mundo, visítenos en la dirección www.trafford.com/4501*

www.trafford.com/4501

Para Norteamérica y el mundo entero
llamadas sin cargo: 1 888 232 4444 (USA & Canadá)
teléfono: 250 383 6864 ♦ fax: 812 355 4082

Un paso a la soledad
Poesías, pensamientos y algo más .....

Dedicatoria

A veces los seres humanos nos sumergimos en el amor como parte fundamental de nuestras vidas. Sin embargo, la vida te enseña que el amor puede ser duradero o pasajero. Por eso es bien importante saber determinar qué tan profundo o artificial te quieren o simplemente te usan. ¿Usted sabría la diferencia entre uno y otro?

Yo no, y por muchos años busqué el fantasma del amor que al final no sólo me rompió el alma sino que me llevó a encontrar lo que yo realmente era . . . una mujer en **Un paso a la soledad.** Dedicado a esas mujeres que pierden el amor y la esperanza de ser amadas.

Prólogo

Un paso a la soledad comienza en el 1979 cuando la autora tenia apenas 12 años de edad, motivada por la escritura también la pasión por cuentos y leyendas. Comienza a escribir pequeños versos que luego se transformarían en poesías. En el 2007 tenia aproximadamente 20 poesías las cuales procedió a ponerlas en un escrito formal.

Este libro es un fotocopia de mis ilusiones que se han perdido y ganado a través de los años. Es el vivo ejemplo de la lucha con nada, de sueños que se alejan sin cumplirse, añoranzas que se anhelan. Hoy he puesto este escrito pero mañana se formara mi atardecer; una nueva luz de esperanza y dicha aparecerá en mi vida y en mi ser. Muchos leerán este libro como reflejo de fracasos y sueños.

El título del libro **Un paso a la soledad** fue motivado por una desilusión sentimental y el anhelo de dejar una huella en la vida de sus hijos y un legado de amor.

La autora dice: "Ahora a los 40 años he comenzado a vivir", poniendo por precedente a la mujer que comienza una vida solitaria en la edad de plata, luchando por reconocimiento.

Un sueño convertido en realidad, teniendo en mente que el soñador muere pero no nuestros sueños y el placer de llegar a muchos corazones solitarios que como yo Maria Candelario autora del libro desean crear un impacto en muchas personas. Al leer **Un paso a la soledad** tendré el placer de compartir poemas dedicados a mis familiares y amigos los cuales han sido de inspiración a través de toda mi vida. Dándole gracias a nuestro Señor quien nos fortalece y nos sirve de guía en todas nuestras acciones y decisiones.

Un paso a la soledad
Poesías, pensamientos y algo más . . . .

Es valida porque es un proyecto
del tiempo. Es porque perdemos
la ilusión, senstimos emoción y
no tenemos esperanza.

Un paso a la soledad

Poesías, pensamientos y algo más . . . .

Índice

Página

Un paso a la soledad
Poesías, pensamientos y algo más . . . . .

Un quejido silente

Eras mi esperanza
y la perdí.
Eras mi sol y
anocheció.

Pero yo te doy esperanza,
calor, paz, amor
y sobre todo comprensión.

Fuiste mi carga
y te soporté,
ahora eres mi lucha
y vamos a triunfar.

No miremos ni la gente
ni para atrás,
que aunque seas retrasado
hijo, vamos a triunfar.

A Cuba

Porque somos
el porvenir
sin futuro.

Porque día a día
la luz se enciende
y no hay esperanza.

Porque del suelo me recoges
como el árbol de hojas secas.

Por ser tú, Cuba,
País que inspiras aliento y calor.

Eres tú quien me recoges,
como ese árbol,
sabiendo que nunca veras mis frutos.

¡Oh, mí Cuba amada!
Que desde niño le pido a Dios
que un día, tú libre,
me deje verte otra vez.

Al mar

Tú inspirador
de muchos poetas.
Tú inspirador
en muchas facetas.

Tú que haces soñar anhelos.
Mar, que a ti me siento debida
que me acoges sin darme
vueltas atrás.

Tú encierras mis secretos
y eres una llama en mi corazón.
Eres especial, encarnación de hombre
que me hace temblar.

Mar, tu espuma
lleva mi olor,
mi calor y mi pasión.

Al amor

Hoy me he puesto a pintar,
di un color gris,
un color de dolor,
un color de amargura.

Hoy continúo pintando
y en cada tono de colores,
se refleja el alma
de un corazón.

Ese corazón era yo,
era la alegría y el dolor,
era la alegría de tener
un nuevo amor.

Mi hermana

Por ser siempre
alegre, firme y
voluntariosa.

Porque siempre
das la mano
al que te pide ayuda.

Porque tu trabajo
es tu pasión
y abnegación.

Por ser así,
como una madre
cuando su hijo llora.

Para ti hermana
para que des
siempre lo mejor.

Mi papá

Hoy el día está cubierto de lágrimas.
Hoy el sol se apaga,
hoy no sé qué pensar.

Pero allí estás tú,
el que siempre me ampara
me da luz y calor.

Gracias padre porque me has hecho
un sol viviente y pensante,
racional ante todo,
y capacitada hasta el final.

Sentir

Hoy otros niños escribían una palabra,
hoy observaba con tristeza,
porque no puedo escribir,
porque mi mente no acompaña mis movimientos.

Hoy me he puesto a llorar
mientras otros escriben
esa palabra que yo quiero escribir.
Mi madre me abraza y llora conmigo,
al yo no poder escribir la palabra MAMÁ.

Creación

Si todos vieran al mundo
con diferente color
apreciarían lo bueno
y le darían más sabor.

Dios creó todo lo verde,
también de otro color,
pero la naturaleza
luce todo su esplendor.

En el río hay muchas piedras
que cubren la cercanía,
flores grandes, también chicas
que destellan armonía.

Agua clara y peces de color
también un sol muy brillante
que sonríe con amor.

Pájaros que vuelan,
pájaros que van
miren la naturaleza
que Dios regala al azar.

Un regalo de amor

Soy un ángel caído del cielo
era la luz en el vientre de mi madre
y la esperanza a los ojos de mi papá.

Al nacer fui abandonada
y Dios puso en mi ser amor
pero no me dio audición.

No controlo mis impulsos,
no lo hago, papito, para darte más trabajo
ni siquiera muchas veces,
sé lo que hago contigo.

Te quiero y te amo
porque además de ser padre,
fuiste mi madre y mi familia.

¡Oh, Dios! Dale paz,
dale amor a mi papito,
pues yo soy un regalo de amor.

<u>A mi padre</u>

Porque siempre que fracaso,
allí estás tú.

Porque siempre que lloro
allí está tu consuelo.

Porque nunca me fallas,
allí estás tú.

Con tu sonrisa y tus palabras,
sí, padre . . . allí estás tú.

A mi madre

Señor, Tú que iluminaste mi cuerpo y mi alma. Me diste vida, sentir, alegrías, penas, sensaciones y emociones internas. Tú que me has dado la oportunidad de abrirme camino al mundo. Tú me diste una madre. Que con tanto esmero y dedicación a contribuído al progreso de mi familia y se ha desprendido de todas sus ambiciones para darnos lo más grande; su tiempo, amor, esmero, paciencia y todo su ser encarnada de todo lo bueno y lo malo de esta vida, la cual admiro por su devoción y respeto a todas mis decisiones. Gracias por darme lo más que quiero en esta vida, una madre ejemplar.

El grito de un niño con autismo

Soy un niño con autismo,
producto de un amor
tan puro como el rocío de la mañana
y tan cálido como el sol del medio día.

Soy la alegría de mis padres
el calor de la hoguera de mi hogar
y el reflejo de los ojos de mis tíos.

Quiero ser yo
dame amor y protección.
Quiero tu amistad
pero no quiero tu lástima.

Soy un niño con autismo y no un retrasado,
sé muchas cosas como las sabes tú.
Sé jugar como lo haces tú.

Amo a mis padres y hermanos,
pero me haces falta tú.
Tu amistad, tu comprensión,
dame la mano pues yo soy tu amigo.

La guerra

Hoy muchos marchamos.
Mañana muchos no regresaremos.
Hoy nos dirigimos a pelear
nos dirigimos a una muerte incierta.

Hoy un mar de sangre corre.
Hoy entre el cielo y la tierra
hay dolor, no hay calma.

Es la guerra la que nos aclama,
y entre el grito de dolor
se oye desde lo alto,
el loar y el quejido de un alma vagando.

El pelear por esta nación
que aclama al mundo su poderío
y lleva consigo las almas infinitas
de los triunfadores de la nada.

<u>Al mar de mis amores</u>

Me entregué . . .
Me entregué al hombre
que siempre he amado.

Me acogió en su brazo de mar
y abarcó todo mi cuerpo
desnudo, frío y triste
con su cuerpo celeste por ser él . . .
el mar.

14

A ti

El día que no te vi,
mi alma tembló
de dolor y amargura.

Te fuiste y en otra te acogiste.
Me dejaste sin razón.
Pero la vida te hace fuerte y segura.

Y la vida es dura y larga,
pero se aprende, por engaños
y por tristeza.

Pero se aprende a amar
al más sincero y simple,
al más callado y fuerte.

Con tu ida se fueron mis anhelos,
y con mi calma volvió la esperanza.
Esperanza de que un día vuelva
un gran amor.

A mi tía Norma

En el silencio de una tarde
calló para siempre
una mujer destacada
por ser buena esposa y madre.

En su fin que no termina
dejó sus huellas clavadas
en los sacrificados corazones
de almas impuras que claman a Dios.

Una mujer con temple de acero
y un corazón sutil decorado
de rosas frescas y margaritas.

Ella lleva en su pecho
el terrible fin de una muerte injusta
y la alegría de Dios
que la acoge en su vientre.

Esa mujer se llamó Norma
quien disfrutó de su vida.
Sabe que ella desterró con Dios
y se destacó como su sierva.

Y quien al oir su nombre,
piensa en el sentido de sacrificio,
devoción, amor y caridad;
los cuales se olivan,
día a día de entre los hombres.

A ti maestro

El llegar a ser maestro
no es importante;
es cómo hacer de tu carrera
una vocación donde impartas
calor, amor y sobre todo
mucha dosis de comprensión.

A mi mejor amiga

Eres algo especial,
eres algo increíble,
esa persona que sabe
y conoce todo sobre la vida.

Eres una persona alegre,
con los más grandes sentimientos,
a pesar de tus desamores.

Por eso eres mi amiga,
esa persona tan grande
que uno llama así . . .

Eres mi consejera,
mi instructora
y a veces te pareces
a mis padres.

Solo pienso en esos días,
sólo uno, en los cuales
éramos inseparables.

Por eso ahora alejadas
por un problema especial
"el amor", sólo te deseo
dichas y prosperidades.

Amiga tú . . . . .
persona tan especial
sólo me que decirte,
"sigue hacia delante"

A Angela Ramos

Soledad

Si mi hermana soledad
no estuviera tan desierta
sería por el amor
que es una ventana abierta.

Cuando yo me siento sola
busco un poco de calor,
que me da tu corazón
al sentirme prisionera.

Y si ella no supiera
como arde mi agonía
será porque ella encierra
lo que siente mi corazón.

Y si yo no puedo expresar
lo que en mi corazón se siente
busco en ella compañía;
en mi amiga . . . . soledad.

Lloró

Lloró toda la noche,
también toda la mañana.
Lloró hasta que sus párpados
no pudieron contenerse.

Lloró con gran amargura
y no soportó la carga.
Lloró por un amor que partió
por ser su nuevo fracaso.

Un paso a la soledad

Poesías, pensamientos y algo más . . . . .

Saber qué hacer cuando se está perdido
es un dilema que te lleva a razonar
y madurar como persona.

Por ti el sol ha vuelto a renacer.
Por ti la luna y las estrellas brillan.
Por ti mi amor al arte ha renacido,
gracias porque por ti he creído en
el amor.

Si algún día el sol
se apagara, no sabríamos que hacer.
Pero si algún día mi amor se apaga;
ese día es el que te he dejado de querer.

Libertad

Seremos libres,
si pedimos libertad,
si aclamamos libertad,
si somos quienes queremos ser.

Libertad es soñar.
Libertad no es pedir.
Libertad es denunciar a una
sociedad corrupta.

El desprecio es sensato
cuando lleva a la honradez.

Amar es una palabra inverosímil.
Sólo ama el que siente,
el que sufre y el que pide.
Amar es compartir,
es ver un sol nacer día a día,
es llorar y es reir.

Querer

Aprender cómo quererte
no fue fácil.
Lo difícil sería
aprender a olvidarte

Si de tu flor los pétalos se cayeron,
y en la raíz volvió a nacer otra flor,
ese es tu corazón que abre caminos
con nuevos brios y marca una
ruta hacia un nuevo horizonte que
es el amor.

Los niños

¡Ah! Qué delicia,
estar rodeado por
personas inocentes
que nos llenen de alegría.

Personas sabias o deficientes
que llenan una vida de amor.
No menospreciemos su inocencia,
disfrutemos su niñez y juventud.

Dejen que los niños
corran al ritmo del tiempo.
Porque con el tiempo
los ayudamos a ser hombres.

Personas inteligentes
grandes artistas,
estudiantes con fervor.

Ayudemos a este mundo
a mejorar con amor.
Empecemos con los niños
porque son un corazón.

Un paso a la soledad
Poesías, pensamientos y algo más .....

Dios y el coquí

Dios pasó por una laguna a proclamar su palabra.

Un día Dios vio un coquí y le preguntó:

"¿Qué es lo más importante para ti?"

Y el coquí responde:

"El destello de un alma inmortal"

Pasaron 100 años y Dios volvió a esa misma laguna, y encontró al mismo coquí que esperaba hacía mucho, pero mucho tiempo su llegada.

Y Dios al verlo le pregunta:

"¿Haz sido feliz con tu alma inmortal?"

Y el coquí le responde:

"Señor, sólo tú sabes que son felices las almas que van al cielo, los que humildemente oran, claman, te adoran, ayunan y se galardonan haciendo cosas buenas al prójimo.

En esta larga jornada he comprendido que para ser feliz no se necesita una alma inmortal. Que no se necesita estar en el mundo 100 años para comprender que el mejor sitio es el cielo porque allí está tu presencia y la de amigos ya muertos que han hecho mucho bien. He visto como el hombre mata a otros, como los hijos se ensañan contra sus padres, como se mofan del inválido, como los más fuertes humillan a los pobres, como hay guerras entre un mismo pueblo."

"Señor,": dice el coquí.

"Llévame contigo a tu reino."

Y Dios le responde:

"Haz aprendido tu lección y te llevaré a mi reino para que día a día pongas con tu canción la dulce melodía y seas el gran ejemplo de mi reino."

Dios un camino, una verdad

Porque a veces oramos en las malas, y nos olvidamos hacerlo en las buenas. Hay que realmente penetrar en el mundo de Dios para saber que no estamos solos. Ora, clama y palparás su presencia.

Estas palabras son dedicadas a esas mujeres maltratadas. Víctimas de violencia doméstica.

La violencia doméstica no es solamente que te den un golpe, son también aquellas huellas emocionales que te clavan hasta el fondo del alma.

Cuando comencé a escribir no sabía que tantas mujeres como tú y como yo somos las víctimas de un silencio y un por qué.

Recuerda que no estás sola, no mires el pasado, piensa en hoy y el mañana. Sé vencedora.

Sé **Mujer con temple de acero.**

Mujer con temple de acero
pero tus entrañas están rotas.
No despilfarres tu corazón
ni te enredes el mismo en dolor.
Mujer con temple de acero,
no dudes de ti ni un segundo.
Que el Dios que está en los cielos
te dará tu corazón.
Dale la mano al caído,
dale tu corazón,
que el Dios que está en los cielos
te dará mucho esplendor.

Recuerda que Dios conoce tus pensamientos. Antes de tú nacer Dios te cuidaba (salmo 39.6). La mujer es como una flor hermosa que hay que cultivarla. No dejes que te maltraten física o emocionalmente. Mírate como una reina, una joya preciosa. Vé siempre lo especial de ti. Tu vida tiene mucho sentido cuando lo que viene de ti empieza a salir de adentro hacia fuera. A veces nuestros pensamientos empañan nuestra belleza. Muchas veces nuestras actitudes nos hacen perder nuestro orgullo y no vemos que esa pareja nunca te valoró, amó y no supo comprender quién realmente eras. Las mujeres tenemos una belleza inigualable y debemos tener cualidades de determinación, positivismo, deseos de superarnos. Ser vencedoras en Cristo. Empieza hoy a cambiar tu manera de pensar. Dale una actitud diferente a Dios, acércate a él en confianza. Si estas triste o deprimido, no estás en el orden de Dios. Recuerda que fuiste creado con un propósito.

Al amor perdido que fue un gran inspirador de impulsarme a escribir este libro.

Recuerden que la hermosura de la vida está en Dios: y él cierra una puerta, pero abre otra más grande.

Printed in the United States
By Bookmasters